1 MONTH OF
FREE
READING

at

www.ForgottenBooks.com

By purchasing this book you are eligible for one month membership to ForgottenBooks.com, giving you unlimited access to our entire collection of over 1,000,000 titles via our web site and mobile apps.

To claim your free month visit:

www.forgottenbooks.com/free1300643

ISBN 978-0-428-68695-6
PIBN 11300643

AMINA

OVVERO

L'INNOCENZA PERSEGUITATA

MELODRAMMA SEMISERIO

DA RAPPRESENTARSI

NELL' I. R. TEATRO ALLA SCALA

la quaresima dell' anno 1824.

MILANO

DALLA TIPOGRAFIA DI GIACOMO PIROLA

di contro al detto I. R. Teatro.

ARGOMENTO.

La Marchesa di Lignì, ricchissima dama di Ginevra, ebbe da segreto matrimonio una figlia, che per riguardi di famiglia non palesò, e, qual fanciulla da lei raccolta, fece educare in sua casa, sotto il nome di Amina. Giunta a morte, lasciolla erede di tutte le sue facoltà, e svelando l'arcano della nascita di lei al cavalier Gualtiero, che probo e fedel uomo teneva, ad esso affidò le carte comprovanti il diritto che ai materni beni la giovane aveva. Ma Gualtiero innamorato di Amina, e nel tempo istesso adescato dalla pingue eredità, tenne celate le carte, e collegossi coi parenti della defunta Marchesa, i quali accusavano Amina come rea di aver fabbricato un falso testamento. Ignara l'innocente dell'arti del perfido, non pratica di liti, e solo fidando nel difensore che le avea procacciato la sua benefattrice, fu condannata, come falsaria, a perpetua prigionia, e costretta a fuggirsene di Ginevra. Gualtiero allora, che la seguì, palesò l'amor suo, le si offerse sposo, e le promise, dove ella accettasse la sua mano, di far cancellare l'ingiusta sentenza per mezzo di prove ch'ei solo conosceva. A tal proposizione scoperse Amina la di lui perfidia, e ricusando di unirsi al traditore, segretamente da lui si fuggì, e sotto il finto nome di Teresa, si ridusse in un villaggio poche leghe discosto da Losanna, dove Everardo, maestro del paese e direttore di un pio stabilimento, cortesemente la accolse, e qual governante collocolla presso la contessa di Senange. In poco

tempo divenne ella tanto cara alla Dama e al
giovine Carlo di lei figlio , che fu a questi de-
stinata in isposa ; ma l'infelice si vide esposta ad
una crudele alternativa : o tacere le sue sventure;
e ingannare in tal guisa i suoi benefattori ; o
palesarle ; ed esporsi al pericolo di venire scacciata. Svelossi allora al generoso Everardo, il
quale sicuro dell'innocenza di lei, consigliolla
di tacere, e di non opporsi alle sponsalizie ; im-
perocchè, nel tempo che sarebbe trascorso tra
quelle e la celebrazione del matrimonio, si sarebbe egli recato a Ginevra, ed avrebbe tentato
di far annullare l'ingiusta sentenza. Ma Gualtiero venne a far vano il virtuoso disegno. Le
novelle trame del perfido, ed il pericolo ancor
più grave dell'innocente Amina formano il nodo
del Melodramma.

PERSONAGGI.	*ATTORI.*
ARGIA, Contessa di Senange.	*Sig.ᵃ Carolina Franchini.*
CARLO, di lei figlio.	*Sig. Franc.º Piermarini.*
AMINA, sotto nome di TERESA.	*Signora Teresa Belloc.*
CAVALIER GUALTIERO.	*Sig. Luigi Sirletti.*
EVERARDO, Maestro del paese, e Direttore d'un pio Stabilimento.	*Sig. Filippo Galli.*
BARILONE, Gastaldo.	*Sig. Carlo Poggiali.*
NANETTA, di lui moglie.	*Signora Beatrice Anti Paroletti.*
PICCARDO, Staffiere.	*Sig. Lodovico Sirletti.*
Un Giudice.	*Sig. Giovanni Tiraboschi.*
Un Cancelliere.	*Sig. Paolo Rossignoli.*
Due ordinanze.	

Cori -- Paesani, Paesane.

Comparse -- Paesani, Servi, Soldati

L'azione si finge in Isvizzera nel villaggio di Senange, nel castello della Contessa, e nelle sue vicinanze.

La musica è espressamente scritta dal Maestro sig. GIUSEPPE RASTRELLI.

Le Scene sono nuove, d'invenzione e d'esecuzione del sig. ALESSANDRO SANQUIRICO.

Supplimenti alle prime parti cantanti
Sig. Giovanni Carlo Beretta. – Sig. Pietro Vasoli.
Signore
Carolina Bianciardi. – Carolina Franchini.

Maestro al Cembalo
Sig. Vincenzo Lavigna.

Primo Violino, Capo d'Orchestra
Sig. Alessandro Rolla.
Altro primo Violino in sostituzione al Sig. Rolla
Sig. Giovanni Cavinati.
Primo Violino de' Secondi
Sig. Pietro Bertuzzi.
Primo Violino per i Balli
Sig. Ferdinando Pontelibero.
Altro primo Violino in sostituz. al Sig. Pontelibero
Sig. Francesco De Baylou.
Primo Violoncello al Cembalo
Sig. Vincenzo Merighi.
Prima Viola
Sig. Carlo Majno.
Primi Clarinetti a perfetta vicenda
Sig. Pietro Tassistro. – Sig. Felice Corradi.
Primi Flauti
Sig. Giuseppe Rabboni. – Sig. Carlo Alari.
Primi Oboè a perfetta vicenda
Sig. Carlo Yvon. – Sig. Giuseppe Becalli.
Primo Corno di Caccia
Sig. Agostino Beloli.
Primo Fagotto
Sig. Gaudenzio Lavaria.
Primo Contrabbasso
Sig. Giuseppe Andreoli.
Professore d'Arpa
Sig. Giuseppe Reichlin.

Direttore del Coro
Sig. Carlo Salvioni.

Editore, e proprietario della Musica
Sig. Giovanni Ricordi.

Macchinisti
Signori
Francesco e Gervaso, fratelli Pavesi.

Capi Illuminatori
Sig. Tommaso Alba. -- Sig. Antonio Moruzzi.

Capi Sarti

Da uomo	*Da donna*
Sig. Antonio Rossetti.	Sig. Antonio Majoli.

Attrezzista
Sig. Ermenegildo Bolla.

Berrettonaro
Sig. Giosuè Parravicino.

Parrucchiere
Sig. Innocente Bonacina.

BALLERINI,

Inventori e Compositori de' Balli

Sig. GIOJA GAETANO. — Sig. CHERUBINI ANTONIO.

Primi Ballerini serj

Signora Fleurot Evelina.–Sig. Lachouque Carlo.–Signora Pallerini Antonia.

Altre prime Ballerine a vicenda, allieve emerite dell'Accademia
Signore

Angelini Giuseppa, Grassi Adelaide, Olivieri Teresa, Quaglia Gaetana.

Altro primo Ballerino

Sig. Ramacini Antonio.

Primi Ballerini per le parti serie

Sig. Molinari Nicola. – Signora Bocci Maria. – Sig. Bocci Giuseppe.
Sig. Trigambi Pietro. – Sig. Ciotti Filippo.

Primi Ballerini per le parti giocose

Sig. Francolini Giovanni. – Signora Viganò Celeste.

Primi Ballerini di mezzo carattere – Signori

Bondoni Pietro, Massini Federico, Fietta Pietro, Damore Michele,
Bedotti Antonio, Baranzoni Gio., Chiaves Angelo, Borresi Fioravanti.

Altri Ballerini per le parti – Signori

Bianciardi Carlo, Pallerini Girolamo, Trabattoni Giacomo, Silej Antonio.

IMPERIALE REGIA ACCADEMIA DI BALLO.

Maestri di perfezionamento

Sig. LEON ARNOLDO. – Signora. LEON VIRGINIA.

Maestro di ballo	Maestro di mimica ed aggiunto
Sig. VILLENEUVE CARLO	Signora MONTICINI TERESA.

Allievi salariati della suddetta Accademia.
Signore

Ravina Ester, Viscardi Giovanna, Alisio Carolina, Bianchi Angela,
Elli Carolina, Cesarani Adelaide, Casati Carolina, Cesarani Rachele,
Turpini Giuseppa, Novellau Luigia, Migliavacca Vincenza,
Besozzi Angela, Terzani Francesca, Bencini Giuditta, Portalupi Giulia,
Gabba Anna, Gaddi Anna, Bellici Pompea, Nolli Giuseppa, Vaghi Angela,
Quaglia Maria, Polastri Enrichetta, Ardemagni Teresa, Aloardi Prisca.
Sig. Casati Tomaso, Sig. Appiani Antonio, Sig. Casati Giovanni,
Sig. Grillo Giovanni Battista.

Corpo di Ballo

Signori	Signore
Nelva Giuseppe.	Ravarini Teresa.
Belloni Michele.	Albuzio Barbara.
Goldoni Giovanni.	Trabattoni Francesca.
Arosio Gaspare.	Bianciardi Maddalena.
Parravicini Carlo.	Belloni Giuseppa.
Prestinari Stefano.	Fusi Antonia.
Zanoli Gaetano.	Rossetti Agostina.
Rimoldi Giuseppe.	Barbini Casati Antonia.
Maesani Francesco.	Ponzoni Maria.
Citerio Francesco.	Bertoglio Rosa.
Tadiglieri Francesco.	Massini Caterina.
Conti Fermo.	Costamagna Eufrosia.
Cipriani Giuseppe.	Mazza Teresa.
Rossetti Marco.	Bedotti Teresa.
Gavotti Giacomo.	Pitti Gaetana.
Cozzi Giovanni.	Morganti Teresa.

ATTO PRIMO.

SCENA PRIMA.

Parco del castello di Senange.

Cori di Paesani e di Villanelle occupati ad ador-
nare il luogo per una gran festa. Comparisce
Barilone a cavallo a un somiere carico di due
canestri. Alcuni Villani lo ajutano a smon-
tare e ne prendono i canestri.

Bar.   Ehi! ragazzi a voi consegno
    Il somaro che mirate:
    Di riguardo e amor più degno
    Animal fra noi non v'è.
    Le finezze che gli usate
    Saran come usate a me.   (*s'innoltra*
    Oh! buon dì... salute a tutti.   *nel parco*)
Coro   Ben venuto Barilone! (*circondandolo*)
    Che hai tu qua.
Bar. (*osservando i canestri*) Ricotta e frutti
    Per la mensa del padrone.
    Se il fattore non m'inganna,
    Oggi ei giunge da Losanna:
    A sposar Teresa ei viene
    A cui volle sempre bene:
    Gran banchetto si farà,
    Ed allegri si starà.

              1 *

Coro   Al Contin Teresa sposa!
       È ben matto chi lo crede:

Bar.   Ella è saggia e virtuosa;
       Il padron di più non chiede.

Coro   Ma straniera, senza nome...
       Giunta qua non si sa come...

Bar.   Non importa, nulla fa.
       Una donna come questa,
       Così buona, così onesta
       Anche un Conte onorerà.

Tutti Ma segua che vuole - Ci pensi il Contino:
       Senz'altre parole - Badiamo al giardino:
       Se han luogo i sponsali - Saranno regali,
       Profluvio di vino - Tripudio sarà.
       Ci pensi il Contino - Saprà quel che fa.
       (*si disperdono nel giardino: la scena
       rimane vuota.*)

SCENA II.

*Entra Gualtiero guardingo e sospettoso
indi ritorna Barilone*

Gua.   Questo è il castel.... sì, questo
       È l'indicato loco...
       Io scoprirò fra poco
       S'ella si asconde qua...
       O Amina, ch'io detesto,
       Ed amo a un punto istesso....
       Trema: Gualtier ti è presso,
       Nè più ti perderà.

Bar.   Chi è questo esploratore? *(osservandolo*
       Chi cerca? cosa brama? *in disparte*

Gua.   Ehi! galant'uom...

Bar.   Signore.

Gua.   Giunta è al castel Madama?

Bar.   Non è arrivata ancora:
          Si aspetta fra mezz'ora.
Gua.   (Buono!)
Bar.   (Che ceffo brutto!)
Gua.   E vien?
Bar.   (Saper vuol tutto).
          Le nozze di Teresa
          Col figlio a stipular.
Gua.   Teresa!... ah sì... Teresa:
          Ne intesi a favellar.
          Una straniera, è vero?
          Giunta non si sa donde?...
          Che fa di sè mistero?...
          Che nome e stato asconde?
Bar.   È ver; ma saggia e buona,
          Ma cara alla padrona.
Gua.   Raccolta dal cortese
          Maestro del paese...
Bar.   E di madama Argia
          Fidata alla bontà.
Gua.   (È dessa... andiam pur via...
          In mio poter cadrà.)
Bar.   (Cospetto! egli è una spia....
          Null'altro intenderà.)

SCENA III.

Paesani e Paesane, indi Piccardo e detti.

Coro   Viva, viva!   *(da lontano)*
Gua.   Quai grida... quai suoni!
Coro   Vien Piccardo staffier del Contino. *(entr.)*
Pic.   Di tre miglia io precorro i padroni;
        Gli ho lasciati al castello vicino...
        Riposato che avranno un momento
        Partiranno e in mezz'ora son qua.

Bar. Viva, viva! son proprio contento.
Coro Che piacer questo arrivo ne fa!

Tutti

Bar. Presto, presto, si avverta Teresa
Coro Che impaziente l'avviso ne attende.
Pic. Questo dì che felice la rende
Per noi tutti il più lieto sarà.
Gua. Tremi, tremi la finta Teresa
Che di mano fuggirmi pretende:
La crudel quando meno mi attende
A suoi sguardi apparir mi vedrà.

(*il Coro entra nel castello. Gua. si allontana guardingo. Pic. mentre è per
partire con Bar. si accorge di lui*)

SCENA IV.

Barilone e Piccardo.

Pic. Chi è colui che parte
Furtivamente, e col capel sugli occhi,
Quasi non voglia esser guardato in viso?
Bar. È un uom che d'improvviso
Testè mi vidi innanzi, un curioso
Che pretende saper quel che succede
Nel castello, fra noi, fra la Contessa
E la buona Teresa: un ficcanaso,
Un importuno insomma,
Che si vuole ingerir ne' fatti altrui.
Pic. Cospetto! io pure m'incontrai con lui.
Sì, sì: senz'altro è desso
Che a Losanna, l'altrier, con cento inchieste
Volea farmi ciarlar, volea sapere
Gli affari del padrone.
Chi diamine sarà?
Bar.   Certo, un briccone.

Basta : stáremo all' erta ,
E se di nuovo ardisse
Spïar qua dentro , con un buon randello ,
Corpo di bacco , li porrem cervello. *(part.)*

SCENA V.

Everardo dal parco , indi Amina dal castello.

Eve. Ella parlar mi vuole !... esser fatale
Ogni indugio potria.... Ciel , qual mistero !
Qual novella sventura
Sì buona creatura
Affligger puote , or che si arrende ai voti
Del giovin Conte l' amorosa madre ?
Ella si avanza. - Ebben , figliuola ?

Am.   Oh padre !

Eve. Delle tue nozze il giorno
Così tremante e mesta ?

Am.   Ah ! queste nozze
Empio destin mi vieta. Arcano orrendo ,
Padre , nel vostro sen depor degg' io.
Fremerete d' orror....

Eve.   Come ! gran Dio !
Parla : d' alcun delitto -
Saresti mai tu rea ?

Am.   Sono innocente ,
Ma sventurata , ahi , sventurata assai !

Eve. Spiegati.

Am.   Udiste mai
Amina rammentar ?

Eve.   L' empia che volle
Con falso testamento
I parenti spogliar della Marchesa
Che l' accolse fanciulla e abbandonata ?
L' infame condannata

Ad eterna prigion?.... Quella....tu tremi?
Tu piangi?

Am.   Ahi lassa !

Eve.   Ti nascondi il volto?

Am. Quella... ah! quella son io...

Eve.   Quella!... che ascolto?
          (*si ritira da lei inorridito*)

Am.   Per pietà non mi scacciate....
      Rea non sono, il ciel ne attesto ...
      Sol mi fa destin funesto
      Un' infame a voi sembrar.

Eve.   Sorgi, e parla... ah! fosse ancora
      Il tuo labbro e il cor mendace,
      Spirto è in me d'amor, di pace,
      Che m'impone il perdonar.

Am.   Generoso!.. Insin d'jeri (*gli porge un*
      Io vi apriva i miei pensieri... *foglio*)
      Leggerete il tristo arcano,
      E pietà potrò sperar.

Eve.   (Ciel clemente, ah! fa che invano
      Io non m' abbia a lusingar.) (*Eve. leg-*
      ge, Am. è in disparte fremente: osser-
      va con inquietudine la di lui fisonomia,
      e sembra pendere dai labbri suoi)

Eve.   »Allor che al tribunale
      »Citata fui qual rea,
      »L' eredità fatale
      »Io ricusar volea ...
      »Si offerse in mia difesa
      »Il cavalier Gualtiero...
      »Parente alla Marchesa
      »Io lo credei sincero ...
      »Di comparir vietommi,
      »Quel che accadea celommi,
      »E condannata io fui
      »Senza poter parlar.

Eve.   Cielo! e saria possibile (*interr. la lett.*)
            Ch'ella dicesse il vero?...

Am.   Ah! s'ei potesse credere
            Il mio parlar sincero....

a 2   Consolator pensiero,
            Deh! non mi abbandonar.

Eve.   »Fuggir mi fece, e amante (*prosegue*
            »Mi si svelò l'indegno... *la lettura*)
            »Compresi in quell'istante
            »L'iniquo suo disegno...
            »Odiai, sprezzai quel perfido
            »E mi sottrassi a lui...
            »Qui venni, é un padre tenero
            »Ho ritrovato in vui...

Am.   Deh! seguitate ad essermi (*interrom-*
            Padre amoroso ancor.   *pendolo*)

Eve.   Cara innocente vittima,
            Ti sarò padre ognor.
         Tergi il pianto, ti consola,
            Nel mio core appien confida...
            A Ginevra il ciel mi guida
            A svelar la verità.

Am.   Ah! se il fato non m'invola
            Quel bel cor che sol mi affida,
            Se a Ginevra il ciel vi guida
            L'onor mio trionferà.

Eve.   Cara figlia!...

Am.   Padre amato!
         Qual destin!...

Eve.   Ei fia cambiato.

a 2

         Ah! pur troppo orrenda guerra
         La virtù sostiene in terra,
         Ma più bella, ma più pura
         La sventura - ognor la fa.

Am. Ma intanto, o padre mio,
     Qual consiglio abbracciar? alla Contessa
     Degg' io svelarmi?

Eve.   No : periglio fora
     Imprudenza fatal...

Am.   Degg' io la mano
     Del Conte ricusar?

Eve.   E quai potresti
     Alla ripulsa tua trovar pretesti?
     Odi - Lasciar tu dei
     Li sponsali compir: essi non sono,
     Come le nozze, sacri. Anzi che surga
     Il nuovo giorno, io condurotti in salvo
     In solitario asilo... ivi starai
     Finchè nuova sentenza
     Non ti renda l'onor... penserò poi
     Come il Conte avvertir de' mali tuoi.

Am. Oh nobil cor! Che ascolto?   *(musica ville-*
     Misera me! son giunti.   *reccia da lontano)*

Eve.   Ebben, coraggio,
     Nascondi il tuo dolor: reggi a tal prova
     Col valor d'alma pura, e pensa almeno
     Che il paterno mio seno,
     In ogni evento il più funesto e rio,
     Ti è sempre aperto...

Am.   Oh caro padre!

Eve.   Addio.
                     (partono)

SCENA VI.

Barilone conducendo i paesani e le villanelle
*   con varj stromenti campestri, con ghirlande e*
*   festoni di fiori, e distribuendoli per la scena*
*   siccome ei dice:*

Bar. Voi, ragazze, le ghirlande;
     Voi le ceste ed i festoni...

Tutti in riga ... un cerchio in grande ...
Qui nel mezzo i calascioni ...

Coro   Quando è tempo tutti quanti
In due file andiamo avanti
Ed offriamo i nostri doni
Con rispetto e gravità.

Bar.   Ecco il tempo ... attenti là.

SCENA VII.

Carlo e la Contessa con molto seguito. I pae-
sani e le paesane condotti da Barilone s' in-
chinano, e presentano i loro doni. Esce quindi
Amina che timidamente si tiene in disparte.

Coro   Ben tornati i diletti padroni ...
De' vassalli accogliete l'omaggio ...
Troverete nel nostro villaggio
Quell'amor che si cerca in città.

Car. e Grazie, grazie, buona gente!

Con.   Fidi servi, a voi siam grati.
Il mio cor riconoscente
Sempre aperto a voi sarà.

Coro   Ben tornati!... ben tornati!...
Non partite più di qua.

Car.   In queste rive amene,
Nel mio natal terreno,
Oh! come lieto in seno,
Madre, mi brilla il cor.
Qui d'un beato Imene
Qui d'un amor felice
Per te goder mi lice
La pura gioja ognor.

Con.   Vederti appien felice
È il mio desir maggior.

Car.   Ma perchè mai Teresa
A me non s'offre ancora?

Bar.   Eccola.   *(veggendola)*
Car.   Oh gioja!   *(prendendola per*
Con.   Abbracciami. *mano)*
Am.   Oh! qual bontà, signora ...
        Deh! concedete almeno
        Ch'io mi vi prostri al piè.
Car. e Con. Che fai? ci stringi al seno... *(trattenen.)*
        Questo è il tuo posto.
Am.   *(Ahimè!)*
Car.   Mesta tu sei?...
Tutti   Perchè?...
Car. O cara amante, - Alfin sei mia : *(teneram.)*
      Del rio destino - Gli affanni obblía :
      E nome e stato - E madre e sposo
      A te concede - Amor pietoso,
      E a te serbarli - Il ciel saprà.
Tutti Qual' onda limpida – per via fiorita
con Car. La $^{nos}_{vos}$tra vita - trascorrerà. *(entrano*

                     tutti nel castello)

SCENA VIII.

Atrio nel castello di Senange.

Gualtiero solo, indi Amina.

Gua.La vidi... un solo istante...
    Da lungi la vid'io; ma la conobbi
    Sì, la conobbi al rio scompiglio, al crudo
    Tumulto de miei sensi... alla tempesta
    Che alla sola sua vista in cor mi rugge ...
    Io l' ho raggiunta alfin... più non mi fugge.
    Silenzio... alcun s'innoltra... *(osservando)*
    È dessa... è dessa ... *(si ritira in disparte)*
Am.   Ah! non poss'io del Conte

Soffrir gli sguardi..il duol ch'io serbo a lui
Mi pinge inorridito il mio pensiero,
E a svelargli il mistero - ahi! mi strascina.
  (*volgendosi vede Gua. che silenzioso le si*
  colloca a fianco, e la guarda attentamente)
  Ah! chi vegg'io? Gualtiero!

Gua.   Io stesso, o Amina.

*Am.*Tacete per pietà... non proferite
  Quel fatal nome.

Gua.   È il nome vostro.

Am.   Ahi lassa!
  Perseguitarmi ancora in questo asilo
  Volete voi?

Gua.   La vostra mano io voglio,
  O palesarvi al vostro cieco amante.
  Seguitemi.

Am.   Seguirvi! oh crudo istante!

*Gua.*Risolvete..

Am.   Ah! vi prego...
  Vi scongiuro, o signor, non mi tradite...
  Mi prostro ai vostri piè...

Gua.   Sorgete...udite.
  Siam soli...il mio segreto
  Svelarvi io posso, l'innocenza vostra
  Far che trionfi, e di ricchezze colma
  Rendervi al mondo...a questo patto solo...
  Che a me restiate in sacro nodo unita.

*Am.*Intendo....ah! prima io perderò la vita.

*Gua.*Ostinata!

Am.   Ah! silenzio.

Gua.   Io posso ancora
  Prove allegar sicure
  Che tu sei figlia...alla Marchesa.

Am.   Oh cielo!
  In qual punto funesto, e da qual labbro
  Intendere degg'io cotanto arcano?

*Gua.*Decidi ... ed in tua mano
   Io depongo le prove...
Am.   Alcun si appressa...
   Partite per pietà...
Gua.   Giurami pria
   Che a ricusàr sei pronta il giovin Conte
   Che ad ogni cenno mio meco verrai.
*Am.*Parti ... ah! parti, crudel... pago sarai.
*Gua.*Giuralo.
Am.   Il giuro.
Gua.   Trema ,
   Se ingannarmi tu vuoi... Pensa ch'io riedo;
   E il tuo nome e la tua colpa io svelo.
*Am.*Parti...ah!.. parti...ecco il Conte...Aïta, o Cielo.
   (*Gua. si allontana rapidamente: Am. ri-*
   mane confusa e sbigottita: in questo esce
                 Car. con Eve.)

SCENA IX.

Carlo, Everardo ed Amina, in seguito Piccardo,
   per ultimo la Contessa con servi.

Car.   Mia Teresa, ai nostri nodi
      Splende il ciel con lieti auspíci:
      Il miglior de' nostri amici
      Ai sponsali assisterà.
Eve. Giusto è ben che chi da padre
      Ne' suoi mali a lei sovvenne,
      Padre sia nel dì solenne
      Che felice il Ciel la fa.
Car.   Ma tu taci? – al mio cospetto
      Gli occhi abbassi, e muta stai! (*ad*
  Am. che piangendo si getta fra le sue braccia)
Eve.   Via , coraggio, il tuo rispetto,
      Buona figlia, eccede omai.

Am. Perdonate: a tanti affanni *(tentando ri-*
Mi avvezzai fin da primi anni, *mettersi)*
Che mi sembra un sogno ancora
Tanta mia felicità.

a 3 Ma depo$^{ni}_{ngo}$ in tal momento

Il pensiero de' $^{tuoi}_{miei}$ martíri:

Agli affanni ed ai sospiri
Il piacer succederà.

Eve. (Cela, incauta, il tuo spavento
O svelarti al fin potrà.)

Am. (Ah! maggior del mio tormento
Core umano, oh ciel! non ha.)

Car. (Un crudel presentimento
Agitando il cor mi va.)

Pic. Il Notaro è là in persona *(che sopravv.)*
Che vi aspetta impaziente;
Già discende la padrona,
Tutta in moto è già la gente...

Con. *(esce con seguito di servi)*
Figli, andiamo: andiam, signore, *(ad Eve.)*
Il contratto a stipular.

Am. (Gelo, ed ardo.)

Eve. Andiam, fa core. *(piano*
ad Am. che inquieta sembra cercare qualcuno)

Car. Vieni omai non indugiar.

Am. (L'empio è lungi.) Andiam. *(risoluta)*

SCENA X.

Gualtiero si presenta all'ingresso
mentre tutti si movono per uscire.

Gua. Fermate.

Am. Ah! *(con grido si arretra inorridita)*

Con. Teresa!.. oh ciel! che fia? *(attoniti)*

Pic. Lo straniero in lui mirate *(a Car.)*
    Ch'io pigliai per una spia.

Car. Chi sei tu? qual mai progetto *(a Gua.)*
    Ti conduce in questo tetto
    Il piacer di una famiglia
    In tal guisa a funestar?

Gua. Costei cerco, vo' costei. *(accenn. Am.)*

Car.Con.Eve.Chi! Teresa!

Gua.   Ella è...

Am. *(precipitandosi incontro a lui)* Tacete...
    Io verrò... de' giorni miei...
    Di mia pace disponete.

Eve.Con. Qual parlar...

Car.   Ah! no, fermate.
    Servi, il passo a lui vietate.

Gua. Sciagurato! e che pretendi?...
    Sappi alfin chi mai difendi.

Car. Con. Chi? favella.

Gua.   Leggi... *(porge la sentenza
       che condanna Amina)*

Am.Eve.   Oh cielo!

Car.Con. Ella!.. Amina! *(dopo aver letto)*

Am.   (Oh mio rossor!)

Car.Con.Tu! rispondi.   *(ad Amina)*

Am.   (Io son di gelo.)

Gua. (Ella è mia.)

Tutti *(con diversa passione)* (Mi manca il cor.)

Tutti

Con. Ah! chi mai nel suo sembiante *(a Car.)*
   Letto avrebbe un cor sì nero?
   Scopre appien, palesa il vero
   Il suo pianto, il suo pallor.

Car. Deh! sospendi un solo istante *(alla Con.)*
   A dar fede ad uom straniero...

Ah! rifugge il mio pensiero
All'idea di tanto orror.

Eve. Vuota almen con cor costante (*ad Am.*)
Del dolore il nappo intero:
Forse in fondo il ben primiero
Fia per te serbato ancor.

Am. Ah! non ho valor bastante   (*ad Eve.*)
A tal colpo atroce e fiero...
Non mi resta che il pensiero
Di morire di dolor.

Gua. Io trionfo; e son tremante!   (*da sè*)
Tutto ottengo, e ancor dispero!
Ti rinfranca; ardir, Gualtiero;
Piena avrai vendetta, o Amor.

Con. Signor, qualunque siate   (*a Gua.*)
Che l'onor mio salvate,
Togliete al mio cospetto
Questo fatale oggetto;
La casa di Senange
Asilo ai rei non è.

Car. Ah! madre mia....

Con.   Ti frena.

Car. Pietà...

Con.   Saria funesta.

Am. Scacciata io sono! oh pena!

Gua. Seguimi dunque.   (*per impadronirsi*

Eve.   Arresta.   *di Am.*)
Non appressarti.

Gua.   Come?

Eve. Io te l'impongo in nome
Del Ciel che legge in te,
Tu sei Gualtiero.

Gua. (*confuso*)   (Ahimè!)

Eve. Al mio paterno zelo
L'ha confidata il Cielo:
Io scoprirò, Madama,

Di un traditor la trama;
E forse il· dì· s' appressa,
Che l·innocenza oppressa
Dove riceve oltraggio
Omaggio ancora avrà.

Tutti

Eve. Vieni., o figlia, ti è scudo il mio petto;
         (*ad Am.*)
Niuno avrà di toccarti ardimento:
Il tuo pianto., il tuo lungo tormento
Vendicato fra poco sarà.

Am. Ah·! mi togli d·ognuno al cospetto ...
         (*ad Eve.*)
Ah! m'invola a sì crudo tormento...,
Quanto io vedo·, ogni voce ch' io sento
Mi spaventa, gelare mi fa.,.

Con. Vieni, o figlio; (*a Car.*) e un colpevole affetto
Nel tuo core per sempre sia spento...
Quanto soffri, lo veggo, lo sento,
Ma l'onor non ammette pietà.

Car. Ah! (*alla Con.*) potessi sgombrare dal petto
Questo amor che scemarsi non sento...
Ogni speme mi toglie un momento,
Ma la pace a quest'alma non dà.

Gua. A quei detti, a quel nobile aspetto, (*da sè*)
Mi abbandona l'usato ardimento...
Ma paventa... ottenere l'intento,
Vendicarsi Gualtiero saprà. (*Ever. porta
seco Amina, la Cont. strascina fuori Carlo,
Gualtiero dopo un momento d'irresoluzione
parte furibondo*)

SCENA XI.

Cortile di una fattoria; a destra una casa nobile
della Contessa; a sinistra rustica abitazione del
Gastaldo; in fondo fingesi l'ingresso alla fattoria. È sera, ed è l'ora che la famiglia ha
cessato dal lavoro.

Paesani e paesane stanno sedendo a varie tavole,
e mangiano, e bevono lietamente.
Esce quindi Nanetta.

Coro 1   Alle nozze del Contino,
       Che buon vino
    Barilone beverà!

Coro 2   Beva pure in sin che casca:
       Questa fiasca
    Anche a noi piacer darà.

Coro 1   Che bocconi delicati,
       Prelibati
    Il ghiotton trangugerà!

Coro 2   Mangi pur fin ch'è satollo:
       Questo pollo
    Non perciò men buon sarà.

Tutti   Sì, mangiamo / beviamo allegramente:
    Contentiamci del presente:
    Con la sete e l'appetito
    È squisito - quel che s'ha.

Nan.   L'ora che il sol tramonti (*esce inquieta*
                dall' edificio rustico)
    Molto non è lontana,
    E quella buona lana
    Chi sa dov'è, che fa?

Faremo i conti,
Mi sentirà.
Io che son fresca e giovane
Chiusa fra quattro mura....
Egli in età matura
Sempre di qua e di là....
Faremo i conti,
Mi sentirà.

Coro   Nanetta è in collera-eh! già si sa.
Nan.   Oh! lo vedo, lo comprendo,
Del mio mal son io cagione:
Si approfitta quel briccone
Della mia docilità.
Ma....
Ogni serpe ha il suo veleno,
E colui se ne avvedrà.

SCENA XII.

*Barilone e detti, indi Amina
ed Everardo.*

Bar.**N**anetta! olà Nanetta!   *(da lontano)*
Nan.   Eccolo alfine.
Bar.Che fa qui questa gente? *(frettoloso)* Si ritiri,
E vada altrove a terminar la cena.
Nan.Cospetto, giungi appena, *(i Paesani si ritirano)*
E a brontolar cominci!
Bar.   Se sapessi...
Cose grosse, inaudite.... dal castello
È Teresa scacciata.
Nan.   E perchè mai?
Bar.Quando lo potrò dir tu lo saprai.
Frattanto in casa nostra
Per questa notte sola
Alloggiarla convien; me ne ha pregato

Un tale a cui bisogna usar riguardo.
Il signor Everardo - ella già viene.   (com-
  parisce da lontano Am. con un fardello
        sotto il braccio sostenuta da Eve.)
Nan.Poverina! a fatica in piè si tiene.
Eve.Coraggio, figlia mia,
  Appoggiati al mio braccio.
Bar.   Al mio piuttosto,
  Lasciate fare a me. Prendi il fardello,   (a
  Appressa uno sgabello. Or ben, sedete, Nan.)
  Calmate il vostro spirto, e non temete.
Am.Grazie, miei buoni amici:
  Vi ricompensi il ciel.
Eve.   A voi confido
  Insino al nuovo dì questa innocente,
  Vittima di un malvagio... ad ogni sguardo
  Pietosi la celate, e qual sorella
  Custoditela infin ch'io son lontano.
Bar.Non dubitate: a Barilone è in mano.
Eve.Addio: fa core, e spera
  Nell'innocenza tua: domani avrai
  Securo asilo, e i tuoi nemici, in breve,
  Di lor perfidia pagheranno il fio.
Am.Che non vi deggio mai?
Eve.   Sta lieta: addio. (part.)

SCENA XIII.

*Amina, Barilone e Nanetta,
  indi Gualtiero in disparte.*

Nan.Ma guardate che casi!
  Stamane nozze e feste, e questa sera
  Pianto, malinconia.
Bar.   Vuoi tu star zitta?
  Ella è abbastanza afflitta.

Senza la noja dei riflessi tuoi.

Pensiamo invece ove allogar la vuoi.

*Am.*Non vi prendete pena,
Buoni amici, per me... qualunque luogo
Purchè sicuro ei sia
Mi basterà... là nel granajo...

Bar. Eh ! via (*in*
questo mentre Gua. s' introduce nel cortile
inosservato, e si asconde; ma tratto tratto
si fa vedere intento a quello che si fa e si dice)
Voi nel granajo! oibò ! là nel casino
Della nostra padrona dormirete :
Là pronti troverete
Letti, vestiti, libri, e che so io?...
Fin l'arpa ch'ella ha di sonar costume.
Va, Nanetta, ad aprir, e accendi il lume.
(*Nan. eseguisce*)

*Am.*Poichè così vi piace,
Obbedirò.

Bar. Brava così; benone.

*Am.*Forse verrà stagione :
Che del grato mio cor :..

Bar. Zitta : io son uso
A far del ben, se me ne viene il destro,
Senza ambir ricompensa.

Am. Ottimo core !
Almen nel mio dolore
Non mi abbandona il Cielo,
Che di un pietoso amico a me sovviene.

*Nan.*Pronta è la stanza (*ritorna*)

Bar. Addio : dormite bene.
(*Am. va nel padiglione scortata da Nan.*)

*Bar.*Poverina ! sì docile, sì buona
E così sfortunata ! - ah ! quel briccone
Di tanto mal cagione
Se mi vien nelle mani... Oh ! oh ! lampeggia.

Minaccia un temporale ...

Nan. (*ritorna col lume*)   A' chiuder corri
Le porte del cortile, e ritiriamoci ...
Quest' aria umida e fredda è a me molesta.
                    (*accende un fanale*)
*Bar.*Sì sì, gira la su grande tempesta.   (*va e*
        chiude le porte, indi ambidue si ritirano)

SCENA XIV.

La notte è oscura : arde nel cortile il solo fanale
acceso da Nanetta. Il casino ove Amina è ri-
tirata è illuminato di dentro, e dalle finestre
che mettono sulla ringhiera vedesi la medesima
seduta e pensosa. Tratto, tratto vedonsi dei
lampi, indizj che la notte è burrascosa. Gualtie-
rò, che fin'ora si è tenuto celato fra gli archi
del cortile, entra guardingo, e spiando all'in-
torno.

Gua. Densa è la notte, è l'ombra
Protegge il mio disegno - Ad ogni costo
L'ostinata mi segua ... Il luogo è quello.
Ove entrar la vid'io ... la di lei stanza
Io saprò rinvenir. - Eccola. - assisa
Tranquillamente alla finestra appresso -
Vadasi : è tempo adesso
Di conseguir l'intento,
Di rapirla, o svenarla. Oh ciel! che sento?
        (*mentre si avvia per salire alla rin-*
        ghiera, odesi un preludio d'arpa,
        si ferma, e torna indietro)
Am.   Coll'innocenza accanto
        Degg'io languir così?
Gua.   Ella ritenta il canto
        De' suoi felici dì.

Am.   Coll' onestà nel cor
           Dovrò soffrire ancor?

Gua.   Sì, se non m'ami.

Am.   O Cielo protettor,
          Salvami almen l'onor.

Gua.   Invan lo chiami. (*odesi dal cortile batter forte alle porte; Gua. che ritornava a salire si arresta di nuovo: Am. si alza, e si toglie alla vista dello spettatore; indi viene sulla ringhiera*)

Gua.   Qual rumor!

Voci lontane   Olà, qualcuno.

Bar. Nan. Vengo, vengo.   (*di dentro*)

Gua. (*irresoluto*)   E sempre inciampi!

Voci lon. Accorrete.

Gua.   All' aer bruno
      Procuriam d'uscir ne' campi. (*in mezzo*

Voci lon. Soccorrete la Contessa.   *alla scena*)

Am.   Ciel! che ascolto?   (*sulle ringhiere*)

Gua. (*vedendola*)   Oh rabbia! è dessa.
      A partir son io costretto...
      Ma paventa... io tornerò.

Am.   Ah! per me non v'ha ricetto...
      Ah! più scampo, oh dio! non ho.

(*Gua. fugge, e si perde fra le arcate del cortile*)

SCENA XV.

Barilone e Nanetta con una lanterna accesa:
Piccardo ansante e faticato.
Intanto il cortile si riempie di paesani.

Pic.   Maledetti! ho perso il fiato.
      Batti, batti, alcun non sente.

Bar. Nan. Siamo qua... che cosa è stato?

Pic. Un crudele inconveniente.
La Contessa ed il Contino
Che a Losanna son rivolti,
Mezzo miglio qui vicino
Dalle tenebre fur colti:
Per disgrazia più fatale
Vi si aggiunse un temporale:
I cavalli spaventati
In un fosso son piombati
E per chiudere il discorso,
La carrozza in pezzi è là...
Io, per chiedere soccorso,
Pancia a terra arrivo qua.

*Nan.Bar.*Presto, presto, torcie a vento,
Faci, ombrelle, lanternoni.

Pic. Non si tardi un sol momento;
Si soccorrano i padroni.

a 3 Voglia il ciel che non sia nato
Altro caso disgraziato!
Se il disastro è tutto questo,
Ci possiamo rimediar....

Coro Accend^{ete}_{iamo}, fate presto:
Periglioso è l'indugiar.

       (partono tutti)

SCENA XVI.

Amina sulla ringhiera e Nanetta.

Am. Ah! Nanetta, son perduta
Se mi vede la Contessa.
Sei tu pure compromessa
Se il Contin mi trova qua.
Tu mi reggi, tu m'ajuta,
Mi nascondi per pietà.

Nan.	Piano, piano, uscite fuora
	Dalla stanza in cui v'ho messa
	Pria che giunga la Contessa
	Altra nicchia ci sarà.
	Nascondetevi per ora,
	Nel granajo, e state là.
Am.	Deh! che alcuno non mi scopra.
Nan.	È impossibile là sopra.
Am.	Che il tuo sposo sia segreto.
Nan.	Di parlar avrà divieto.
Am.	Vado... corro... oh rie vicende!
Nan.	Or vien gente, e vi sorprende.
Am.	Ah! la mia benefattrice,
	Non credea dover fuggir.
Nan.	Ah! qual premio l'infelice
	Ebbe mai del suo servir! (*Am. fugge*
	pel rustico edifizio a sinistra, Nan.
	va incontro alla gente che arriva)

SCENA XVII.

La Contessa, Carlo, Everardo, Barilone e Coro,
　　con fanali, ombrelli ec.
fanno sedere la Contessa: ella è ancora sbigottita.

Coro	Grazie al cielo, non ci è male,
	Sani e salvi entrambi siete.
Nan.Bar.	Viaggiar col temporale!..
	È una gran bestialità.
Coro	Qui riposo prenderete,
	E il timor vi passerà.
	(*Nan. dopo aver parlato sotto voce a Bar.*
	in atto di rassicurarlo sopra Am., va nel
	padiglione a preparare la stanza, Bar. entra
	a sinistra dove si è rifuggita Am.)
Con.	Voi, signore! e fia pur vero?
	(*riavutasi si accorge di Eve.*)

Voi pur giunto in nostro ajuto?
Non avrei giammai creduto   (con
Di dovervi qui trovar.   ironia)

Eve. Il mio nobil ministero.   (con nobiltà)
Mi conduce, o mia signora,
Mane e sera, a ciascun' ora
Gl' infelici a visitar.

Car. E in quel orrido sentiero (con doppia
Vi guidò propizio il Cielo, intenzione)
A mostrar il vostro zelo,
Noi smarriti a sollevar.

a 3

Eve. (Chiaro ad ambi in volto io vedo
L' incertezza ed il sospetto.)

Con.Car. (No, sincero io non lo credo:
Ei nasconde alcun progetto.)

Eve. (Dammi, o Ciel, che l' infelice
Possa almeno a lor celar.)

Con. Car. (Qui per certo, il cor mel dice, (ciascuno
Viene Amina a rintracciar.) a parte)

Nan. Preparate per Madama
Son le stanze del casino.

Bar. Anche il letto pel Contino
Io già feci preparar.

a 2 Ella
     Egli può, qualor la brama
Avviarsi a riposar.

Car. Madre, un bacio. (prendendo la mano
Con. (abbraccian.) Ah! sì, di core. alla Con.)
Eve. Io m' inchino.
Con.   Addio, signore.

Tutti Ah! ci possa amico sonno
              vi
D' ogni pena ristorar.
(il Coro parte, Nan. accompagna la
Con. Car. arresta Eve.)

2*

SCENA XVIII.

Carlo, Everardo e Barilone,
quindi Amina dal granajo: per ultimo Nanetta.

Car.   Signore, una parola...
       Siate con' me sincero.
       Amina è qui...   (*Eve.* è sorpreso)
Am. (*da lontano*)   Là sola
       Più·star non posso.   (*scende*)
Eve. (*risolutamente*)   È vero.
Car.   Povera Amina!
Am. (*al piano fermandosi*) (Oh Dio!
       Intesi il nome mio.)
Eve.   Ebben, vorreste voi
       Turbare i sonni suoi,
       Tradir la sventurata,
       Scacciarla ancor di qui?
Car.   Scacciarla! ah! voi, signore,
       Non mi vedete il core:
       Darle soccorso io bramo,
       Dirle che ancora io l'amo,
       Che rea non è, se voi
       La proteggeste un dì....
       Udir da' labbri suoi
       Ch'ella è innocente...
Am. (*per moto spontaneo*)   Ah! sì.
Ca.Ba.E.Qual voce!.. è dessa...è dessa.
Eve.   Che festi mai?   (*correndo a lei*)
Am.   Perdono.
Car.   Oh Amina!
Eve.   A me t'appressa.
Am.   Io più non v'abbandono.
Nan.   Che vedo? sì è tradita. (*uscendo dal*
       Per lei mi trema il cor.   *casino*)

Bar. Sta zitta, scimunita,
      L'adora il Conte ancor.
Car. Giurar puoi tu per questo   (ad Am.)
      Uom giusto a noi presente,
      Che pura ed innocente
      Stringer ti posso al cor?
Am.   Lo giuro, lo protesto
      Per voi, pel vostro onor.
Car. Ed io per lui ti giuro
      Amor costante e puro,
      Qualunque cosa avvenga
      Consorte mia sei tu.
Am.   Ah! padre mio... (con trasporto ad Eve.)
Eve.   T'intendo,
      Al suo bel cor m'arrendo:
      Ambi al mio sen venite,
      I vostri voti unite,
      Mercè vi accordi il fato
      Degna di tal virtù.

                a 5

        Eve. Car. Am.

Ciel, che di due bell'anime
  Scorgi i segreti appieno,
                   lor
  Splendi per   sereno,
                   noi
  Corona un casto amor.

          Bar. Nan.

Mi vengon giù le lagrime,
  Mi piange il cor nel seno:
  Termini in breve almeno
  Questo infelice amor.

SCENA XIX.

Piccardo e detti.

Pic.   Signor Conte, alfin vi trovo.
Car.   Che vuoi tu?
Pic.   Chi veggio? Amina!
Car.   Zitto.
Pic.   Intendo. È qui di nuovo
Lo stranier di stamattina.
Car.   Chi? Gualtier?
Pic.   Colui sicuro:
L'ho veduto appiè del muro,
Quatto quatto - di soppiatto
Aggirarsi ed esplorar.
Tutti   Ah! lo guida certamente
Qualche perfido disegno:
Si raduni la $\genfrac{}{}{0pt}{}{\text{mia}}{\text{sua}}$ gente,
E si vegli sull'indegno.
Am.   Giusto ciel! non è l'infame
      Pago ancor del mio penar.
Gli altri Non temer, saprem le trame
      Di quell'empio smascherar.
      (Pic., Eve., Bar. e Car. partono ra-
        pidamente per gli archi del cortile.
        Am. e Nan. si ritirano a sinistra.
        La scena rimane vuota; la pro-
        cella comincia a scoppiare)

SCENA XX.

Gualtiero solo.

Niun mi vide... e pur son certo
Che di me van essi in traccia.

Ah! l'indegna mi ha scoperto...
Oh furor! per sempre taccia.
La sua stanza parmi quella...
Quella sì... qualcun favella...
Ascoltiamo... no: fu il vento,
Della grandine il fragor.
Di natura il turbamento
  È d'accordo col mio cor.   *(entra nel*
     casino. La tempesta è al colmo: il
     fulmine scoppia sul casino, e di lì
     a poco lo pone in fiamme. Gua. esce
Ciel! la folgore, oh terrore! *spaventato)*
Dove fuggo? io son perduto.

SCENA ULTIMA.

Gualtiero fugge nel fondo:
Amina si affaccia dalla sinistra, e vede le fiamme.

Am.   Qual terribile fragore!
Nan. Tutti Ah! che vedo? ajuto, ajuto! *(entra*
     nel casino: Bar., Car. e tutti gli altri
     escono ai di lei gridi)
Bar.   Quali grida! qual frastuono!
Coro   Sul casin piombato è il tuono.
Car.   Ah! mia madre... *(corre per entrare*
     nel casino: n' esce Am. spaventata
     con un pugnale alla mano)
Am.   È spenta.
Tutti *(inorriditi)*   Spenta!...
Am.   Io... son io...   *(fuori di sè)*
Tutti   Tu! Ciel, che orror!
Car.   Tu!...
Am.   Son io....
Car. Am.   Mi manca il cor. *(Car. sviene*
     nelle braccia di Bar. e di Nan.

2**

*Aminà, è quasi delirante in mezzo
alla scena. Eve. accorre a lei smarrito
e sorpreso. Parte de' paesani sono
occupati a spegnere l'incendio, parte
stanno d'intorno a Carlo)*

Tutti.

Am. Ah! tacete ... i suoi gridi son questi ...
    Scorre il sangue, la piaga è mortale ...
    In mia mano era pure il pugnale ...
    Io soccombo al terrore, all' orror.
Eve. Sciagurata! che dici? che festi?
    Qual delirio! qual furia t'assale?
    Giusto Cielo! a spettacolo eguale
    Preparato non era il mio cor.

Bar. Nan. Coro

Sventurato! si calmi, si arresti,
Si allontani dal luogo fatale ....
Come mai scelleraggine eguale
Aspettar si potea da quel cor!
Car. Ah! cessate: non sia chi m'arresti:
    Vo' vederla; resister non vale ...
    Ah! perchè quello stesso pugnale
    Non mi pianti, crudele, nel cor?
    (*in questa confusione cala il sipario*)

Fine dell' atto primo.

ATTO SECONDO.

SCENA PRIMA.

Cortile della fattoria', come nell' atto, primo. Il casino è consumato dalle fiamme', e qua e là nell'edifizio si vedono le rovine cagionate dall'incendio. È giorno.

Paesani e paesane sono occupati nella fattoria, chi a portar acqua, chi a riparare a qualche danno. Si riposano finalmente, e si uniscono insieme. Da lì a poco esce Barilone seguitato da Nanetta.

Coro 1	Grazie al Cielo, il foco è spento.
Coro 2	Per fortuna il danno è poco.
Coro 1	Ma il delitto e il tradimento
	Son funesti più del foco ...
Coro 2	Ma la povera padrona
	Più non può risuscitar.
Tutti	Chi potea così briccona
	La Teresa immaginar?
Nan.	Te l' ho detto mille volte,
	Mille volte lo ridico,
	È tua colpa un tale intrico,
	L' hai voluto, e ben ti sta.
Bar.	Io ti ho detto, e ti ripeto,
	Finchè ho petto, finchè ho gola,
	Che la povera figliuola
	Innocente si vedrà. ...
Nan.	Si vedrà ... ma prontamente
	Vada fuor di casa mia.

Bar.   Io pretendo che ci stia,
             E, cospetto, ci starà.

Nan.   Ve' il testardo!

Bar.   La cocciuta!

Nan.   Scimunito!

Bar.   Linguacciuta!

Nan.   { Va pur là: vedrai fra poco
          Se Nanetta te la fa.

Bar.   { Vada pur la casa a foco,
          Ma colei non partirà.

             Amici, il padrone   (al Coro)
             In sè ritornato,
             Silenzio v'impone
             Su quanto è passato:
             Il primo che parla
             Fagotto farà.

Nan.   E deggio ingojarla!...
             Che rabbia mi fa.

Tutti.

Bar. e Coro Se alcuno c'interroga....
             Se vengon soldati....
             Se in casa del giudice
             Veniamo chiamati:...
             Sigillo alla bocca....
             S'intende, si sa.

Nan.   Soffrirla mi tocca!
             Che rabbia mi fa.   (il Coro parte)

SCENA II.

Barilone e Nanétta.

Nan. Ascolta.... in verità, marito mio,
    Più che ci penso, più mi persuado,
    Che ti vai ravvolgendo in brutto imbroglio.
Bar. Sono in ballo, Nanetta, e ballar voglio.

*Nan.*Come vuoi tu che stia
   Lungamente nascosto al Magistrato
   Un caso sparso già nel vicinato?
   Tutto quanto il villaggio
   Fu presente alla scena; ognun mi chiama,
   Ognun mi tenta.... come andò di qua?...
   Come anderà di là?... credi a Nanetta;
   Un qualche precipizio è a' noi vicino.
*Bar.*Forse sì, forse no.... Taci, è il Contino.
*Nan.*Poverin! come è afflitto!
*Bar.*Come è pallido e muto!
Nan.   Ah! quella donna...
   Quella donna.... per bacco, io non la scuso.
*Bar.*Finiscila, o davver ti ammacco il muso.
              (*strascina con sè Nan. e parte*)

SCENA III.

Carlo, indi Amina.

Car. Olà... tosto discenda,
   E a me si guidi Amina. - Oh ciel! che bramo?
   Che pretendo! che tento? infin che pende
   Questa sul capo suo tremenda accusa,
   La sua presenza sostener poss'io?
   No, si arresti... non venga...(*s'incontra con*
Am.   Ah Conte!   *Am.*)
Car. (*breve silenzio*)   (Oh Dio!)
*Am.*Dunque col mio destino
   Congiurate voi pure, e me volete
   Di tanto eccesso rea?
Car.   E tu distruggi
   L'apparenza fatal che ti condanna,
   Sgombra i sospetti altrui, fa che i miei sguardi
   S'incontrino co'tuoi senza ribrezzo....
*Am.*Rea mi credete, ogni difesa io sprezzo.
*Car.*Fra poco al Magistrato
   Fia nota la tua colpa, e allor più scampo,

Più salvezza non hai. Prendi quest'oro,
Fuggi, t'invola: un mio fedele avrai
Scorta al viaggio tuo, prendi....

Am.   Giammai.

Car.   Sciagurata! il tempo affretta...
          Parti, fuggi....

Am.   Ah pria morire.

Car.   Delle leggi la vendetta.....

Am.   La giustifica il fuggire.

Car.   E la pena?...

Am.   Io non la temo.

Car.   E il supplizio?...

Am.   Ei fia l'estremo.

Car.   Ma l'infamia?...

Am.   Ah! questa sola
Vacillar, tremar mi fa.

Car.   Prendi dunque, parti, vola;
Risparmiata a te sarà. (*Am. prende
la borsa irresoluta e tremante*)

Am.   Ma il tuo cor?

Car.   Tu l'hai trafitto.

Am.   L'amor mio?...

Car.   Fu ben fatale.

Am.   Tu mi abborri?

Car.   Il tuo delitto.

Am.   Rea mi credi?

Car.   Ah! tu sei tale.
(*Am. con un grido getta al suolo la borsa*)

Am.   Ah! riprenditi il tuo dono,
      A restar decisa io sono:
      Non v'è infamia più crudele,
      Che il sembrare infame a te.

Car.   Parti, ah! parti: accetta il dono,
      Abbastanza afflitto io sono:
      Vanne almeno, va, crudele,
      A morir lontan da me.(*Am.si allontana
rapidamente: Car. la segue vivamente commosso)*

SCENA IV.

*Esce un picchetto di soldati i quali custodiscono
tutte le uscite. Il Magistrato del villaggio li
segue. In quel momento s' incontra con Everardo, indi ritorna Carlo.*

Mag. Signore, in questo luogo
Opportuno vi trovo: orribil colpa.
Fu qui commessa, e rea ciascun ne accusa
Donna da voi raccolta.

Eve.   E quali avete
Indizj, o prove per dar fede a voci
Che sparger puote ad arte
Odio, o livor armati a sua rovina?

Mag. La passata sua vita ... è dessa Amina.

Eve. (Oh cielo! ella è perduta)
                    Abbia, Signore,
Giustizia i dritti suoi. - Ite, o soldati,
E l'accusata in carcere guidate.

Car. Arrestatevi, olà.

Mag.   Conte, che fate?
Il sangue di una madre
Vendetta grida, e voi salvar volete
La rea che lo versò?

Car.   Finchè l'accusa
Apparenza fallace, è a me permesso
Sentir di lei pietà.

Mag.   La vostra io scuso
Tenerezza per lei; ma quell'infida
V'ingannava, o signor; del suo delitto
Un complice avea seco: in questo albergo
Entrar di furto, e di un mantello avvolto,
Fu visto uno straniero.

Eve. Ciel! qual lampo!... è Gualtier.

Car.   Gualtier!... ah! è vero.
Sì, lo rammento adesso,

E questa notte io stesso
Corsi in traccia di lui.

Eve.   Complice suo
Non è lo scellerato ; io lo conosco,
È il suo persecutor ... Deh! ve ne prego,
Sospendete per poco, e pria di trarre
Amina al suo destin, l'empio si cerchi:
Ei solo ha il filo dell'orrendo arcano.

Mag. Compiacervi desío, ma forse invano.
Alle ricerche nostre
Sottratto ei si sarà.

Car.   (Vana speranza!) (odons
     due colpi di pistola: esce frettoloso Pic.

Eve. Quai colpi! chi si avanza?

Car. Piccardo!

Pic.   Alfine ho colto
Lo stranier ch'io cercava.

Eve.   Il Ciel lo guida
A salvar l'innocenza.

Mag.   A noi si tragga;
Nè lo interroghi alcun.

Pic.   Non dubitate:
Non lo farian parlar le cannonate.   *(parte)*

SCENA V.

*Un gran rumore annunzia l'arrivo di Gualtiero che
cerca ancora di resistere, Barilone, Piccardo,
i domestici e i paesani lo circondano, entrand
in folla, e lo gittano violentemente sulla scena.
Egli è nel più gran disordine, e la sua fisono-
mia annunzia il turbamento del suo spirito.*

Bar. **A** nimo... via... giudizio... *(minacciandolo col*
O ch'io... Siete d'innanzi al Magistrato. *fucile)*

Gua. Con qual diritto, signor, vengo arrestato?

Mag. Col dritto che mi danno
Le leggi e il dover mio. Stranier voi siete.

Come in questo villaggio?
Perchè opporvi alla forza?

Gua. (Alma, coraggio.)
Volto a Losanna, mio pensier non era
Di qui fermarmi... sulla via maestra
Venni assalito, e innanzi a voi qui tratto.

Eve. Sta notte, di soppiatto,
Non penetraste voi fra queste mura?

Pic. Io lo vidi.

Car. Io lo seppi.

Gua. È un'impostura.
Vuol vendicarsi il Conte
Perch'io mi opposi a sciagurato nodo
Che cieco amore ordia... quindi mi accusa
Del delitto commesso in questo loco. (*universa-*

Eve. Un delitto! qual'è? come il sapete? *le sorpresa)*

Gua. Qual dritto voi d'interrogarmi avete?

Mag. Parlate: io ve lo impongo.

Gua. A tutti è noto...
Chi mi arrestò mel disse.

Bar. Non è vero.

Eve. Silenzio...: (Il mio pensiero
Si sveli al Magistrato.) (*scrive rapidamente*
con un toccalapis)

Car. (Oh! qual mi sorge
Folla di dubbj in cor ch'io non intendo?)

Gua. (Qual laccio mi si tende? Ardir.)

Mag. (legge lo scritto d'Ever.) Comprendo.

Eve. Dunque, signor, vi è noto
Che questa notte istessa
Perì svenata l'infelice Amina!

Bar. Amina! (*Ever. gl'impone silenzio*)

Gua. E chi nol sa?... qual maraviglia
Che d'Amina conosca anch'io la morte?

Eve. Basta: non più. (Grazie ti rendo, o sorte.)
Te sol denunzio io dunque
Autor del rio misfatto.

Gua. Io!

Eve. Sì: risponda *(al Mag.)*
Dell'accusa il mio capo. Olà, sia tratto
In segreta prigion,, nè alcuno ardisca
Di far con lui parola.

Gua. (Oh! mio dispetto!)

Car. (Io tremo, e spero....)

Mag. *(piano ad Ever.)* Al tribunal vi aspetto.
(parte con Gualt., Bar., Pic., servi e paesani)

SCENA VI.

Everardo, Carlo e Amina.

Eve. Amina... Amina... Esci, o infelice; un Dio
Difende l'innocenza... oggi, io lo spero,
Sarai salvata. Al tribunal verrai.

Am. Ahi lassa! al tribunal!

Car. Che dite mai?

Eve. Quel che m'inspira il Cielo
Protettor di virtù. Di me ti fidi? *(ad Am.)*
Vi abbandonate in me? *(a Carlo)*

Am. Voi, padre mio...

Car. Mio sostegno, voi siete...

Eve. Ambi al mio seno,
Cari oggetti, venite,
E a miei fervidi preghi i vostri unite.
(si tengono abbracciati)

a 3
$$\left\{\begin{array}{l}\text{Oh solo dei miseri}\\\text{Sostegno, ristoro,}\\\text{T'invoco, t'imploro,}\\\text{Ti chiedo favor.}\\\text{Rischiara quest' anima}\\\text{quell'}\\\text{D'un puro tuo raggio;}\\\text{Seconda il cora io}\\\text{Ch'io sento nel cor.}\\\text{ei sente}\end{array}\right.$$

SCENA VII.

(*Si presenta un' Ordinanza.*)
ve. (dopo aver parlato segretamente con lui)

   Basta così -- Seguitemi...
   Ci attende il Magistrato.
Car. Vanne, e innocente e libera
   A me ti renda il fato.
m.   Ah! tornerò, lo spero,
   Degna del vostro amor.
     a 3
    La prova che avanza
     È fiera, è funesta;
    Ma sento che questa
     L'estrema sarà.
    La dolce fidanza
     Ch'io porto al cimento,
     Di gioja e contento
    Presaga si fa.   (*p artono*)

SCENA VIII.

Sala di udienza nella casa del Magistrato. In fondo
 avvi una porta che mette ad un appartamento.

*Due ordinanze preparano a destra il tavolino e
 le sedie per erigere il Tribunale. Esce intanto
 Barilone con Nanetta e seco loro i paesani e
 paesane del villaggio.*

Nan. Eccoci i primi.
Bar.   Tarderanno poco
 Tutti gli altri a venir. Poniamci intanto
 Cheti da questo canto
 Per veder bene, e per non perder motto

Di quello che si dice, e che si fa...
Non vi affollate voi, fatevi in là. (si schierano
Nan. Marito mio, sta meco... tutti a sinistra)
Ben ben dappresso... in così vasta sala
Con quel serio apparecchio innanzi agli occhi,
Non so perchè... mi tremano i ginocchi.
Credi tu che noi pure
Verremo interrogati?
Bar.   Certamente.
Avverti a non dir niente
Che nuoccia a quella povera figliuola ;
Pesa prima ben bene ogni parola.
Nan. Povera me!
Bar.   Sta zitta,.
Si avanza il Magistrato... il Conte è seco,
E il signor Everardo. (un picchetto di soldati
                      si colloca dietro il Tribunale)
Nan.   E l'accusata
E quell'altro briccone ove saranno?
Bar. Sta cheta che pur troppo essi verranno.

SCENA IX.

Il Magistrato, un Cancelliere, Carlo ed Everardo.
Il Magistrato fa cenno che sia introdotto Gualtiero. Ei giunge in mezzo a un picchetto di soldati
che si fermano all'ingresso. È pallido e con-
traffatto. Tutti gli occhi sono rivolti a lui. Silenzio regna nella sala. Il Magistrato siede al
tavolino e detta al Cancelliere una scrittura.

Gua. (Avanziamo... io tremo... io gelo.)
Bar. Nan. (Ve' che muso! fa spavento (fra loro)
Eve.   (La mia mente inspira, o Cielo.)
Car..   (Reggi, o core, al rio cimento.

Tutti

ua. Parmi ognor che il mio delitto
Mi si legga in fronte scritto....
Par ch'io vegga in ogni oggetto
Un tremendo accusator...
Debil core, al lor cospetto
Cela almeno il tuo timor.

Car. Eve. (fra loro)

Il terror del suo delitto
Li si legge in fronte scritto....
Quel turbato e truce aspetto
È il suo stesso accusator...

Ah! verace è il $^{tuo}_{mio}$ sospetto

$^{Io}_{Hai}$ d'innanzi l'uccisor.

Pic. Bar. Nan. Coro (fra loro)

Osservate il crine ha ritto...
Bieco il guardo.... al suol confitto
Fra sè parla... il core ha stretto
Dall' affanno e dal timor;
Oh! la testa ci scommetto,
Ch'egli è proprio il malfattor. (*silen-
zio. Il cancelliere si alza, e legge ad
alta voce: durante la lettura Gua. si scuote,
e procura di vincere il suo turbamento*)

Can.»Il cavalier Gualtiero è da Everardo
»Maestro di Senange
»D' omicidio imputato. I suoi costumi,
»La sua comparsa, e il suo furtivo ingresso.
»Nel luogo è punto istesso
»Che il delitto seguì, tutto avvalora,
»Giustifica l'accusa.
Mag.Parli Gualtier: quale ha difesa, o scusa?

Gua. Una sola : ed è questa. Io non entrai
 Nel luogo del delitto : un sogno è questo
 Un'impostura di un deluso amante, *(accen-*
 Di un compro servitore;   *na Car.)*
 Una trama di un vil calunniatore. *(accen-*
 Di così nero oltraggio   *nando Eve.)*
 Io domando ragione, e di Losanna
 Al tribunal mi appello.

Eve.   Ed io ti chiamo
 Innanzi a più tremendo
 Giudice de' misfatti, innanzi al Cielo
 Che ingannar non si puote,
 Che interroga gli estinti, e i rei percuote.
 Vien, se tu l'osi,... in quella stanza giace
 La tua vittima estinta; a lei ti appressa,
 Fissa i tuoi sguardi in lei, stendi la mano
 Sul giacente suo capo, e ad alta voce
 Chiama sull'uccisore
 La vendetta del Ciel... Vieni se hai core.

Tutti Che mai dirà ?

Eve.   Ti arresti ?
 Impallidisci ?... tremi ?

Gua.   Io ! fremo d'ira,
 Avvampo di furor ...

Eve.   Dunque t'affretta...
 Vieni a giurar, se il puoi.

Gua.   Pronto son io.

Eve. Pensa che il Ciel ti vede.

SCENA ULTIMA.

Gualtiero si avanza esitando, e fermandosi più
 volte verso la porta del fondo accennata da
 Everardo. Nel momento ch'ei giunge vicino ad
 essa, la porta si spalanca come apertasi pro-
 digiosamente, e comparisce Amina coperta di

un abito bianco, pallida in volto e coi capelli
sparsi sugli omeri accennando Gualtiero, il quale
si arresta spaventato e fuori di sè.

Gua. (con un grido)   Eterno Iddio !
  (*Am. si avanza senza parlare accennan. sempre*)
Gua. È dessa... io ti ravviso... ombra tremenda !..
                                   (*prostrandosi*)
   Son reo... ti uccisi... eri innocente... ah! prendi
   I sacri dritti tuoi ... perdono imploro. (*getta*
          a terra varie carte, e rimane atterrato)
   Pietà ... pietà ....
Am. (cade in bracc. di Eve.) Chi mi sostiene?.. io moro.
       (*Bar. raccoglie le carte, e le porge ad Eve.*)
Gua. Che intendo? ella respira! Oh rabbia estrema!..
   Che feci ! chi svenai ?
Car.   Mia madre, o mostro.
Eve. Madama di Senange ....
Tutti   Oh scellerato !
Mag. Io lo consegno a voi.   (*ai soldati*)
Gua. (*partendo fra i soldati*) Son disperato.
                  (*tutti sono intorno ad Am.*)
Am.   Dunque è vero?.. io non vaneggio... (*rinven.*)
      Ei parlò !.. l'onor mi rende !..
      Sì, lo miro, sì, lo veggio
      Al piacer che in voi risplende ...
      Sì, lo provo, sì, lo sento
      Al contento del mio cor.

Tutti Ei parlò ... l'onor $\frac{mi}{vi}$ rende,   (*con Am.*)

      $\frac{Mi}{Vi}$ ridona al $\frac{vostro}{nostro}$ amor.

Eve.   Ascoltate... in questi scritti (*mostrando le*
      Son palesi i suoi diritti ... *carte abband.*
      Sì, la sua benefattrice,   *da Gua.*)
      La marchesa di Lignì,
      E sua madre ...

ATTO SECONDO.

Am.   Oh me felice !

Tutti   Oh fortuna! oh lieto dì!

Am.   Vedo negli occhi tuoi (*a Car. vivamente*
              Misto alla gioja il pianto... *commosso*)
              Ah! perchè mai cotanto
              Degg'io costare a te !..

Car.   Oh Amina!   (*abbracciandola*)

Eve.   Ah ! tal di voi (*facendosi*
              Era nel Ciel destino, *in mezzo a loro*)
              Il suo voler divino :
              Figli, onorar si de'.

Tutti   Felicità fra noi
              Senza sospir non v'è!

Am.   Ah ! vieni, consolati,
                  Il ciglio serena;
                  Per lungo e terribile
                  Sentiero di pena
                  Guidarci alla gioja
                  Il Cielo fermò.
              Ma pura, ma stabile,
                  Perfetta fia questa;
                  Ci allegri, ci infiori
                  La vita che resta
                  L'amor che due cori
                  In uno cambiò.

Car. e Am.   Sì, teco, mio bene,
                  Han fine le pene.

               Tutti insieme.

              Già l'alma gioire
                  La speme $\overset{ci}{\underset{vi}{}}$ fa
                  Di un lieto avvenire
                  Che nube non ha.

                        Fine.

Lightning Source UK Ltd.
Milton Keynes UK
UKHW020216030119
334668UK00005B/227/P